BEI GRIN MACHT SICH IHR WISSEN BEZAHLT

- Wir veröffentlichen Ihre Hausarbeit, Bachelor- und Masterarbeit

- Ihr eigenes eBook und Buch - weltweit in allen wichtigen Shops

- Verdienen Sie an jedem Verkauf

Jetzt bei www.GRIN.com hochladen und kostenlos publizieren

Bibliografische Information der Deutschen Nationalbibliothek:

Die Deutsche Bibliothek verzeichnet diese Publikation in der Deutschen Nationalbibliografie; detaillierte bibliografische Daten sind im Internet über http://dnb.d-nb.de/ abrufbar.

Dieses Werk sowie alle darin enthaltenen einzelnen Beiträge und Abbildungen sind urheberrechtlich geschützt. Jede Verwertung, die nicht ausdrücklich vom Urheberrechtsschutz zugelassen ist, bedarf der vorherigen Zustimmung des Verlages. Das gilt insbesondere für Vervielfältigungen, Bearbeitungen, Übersetzungen, Mikroverfilmungen, Auswertungen durch Datenbanken und für die Einspeicherung und Verarbeitung in elektronische Systeme. Alle Rechte, auch die des auszugsweisen Nachdrucks, der fotomechanischen Wiedergabe (einschließlich Mikrokopie) sowie der Auswertung durch Datenbanken oder ähnliche Einrichtungen, vorbehalten.

Impressum:

Copyright © 2017 GRIN Verlag
Druck und Bindung: Books on Demand GmbH, Norderstedt Germany
ISBN: 9783668679184

Dieses Buch bei GRIN:

https://www.grin.com/document/418936

Alexandra Priesterath

Literaturgeschichtliche Betrachtung von Hoffmanns "Des Vetters Eckfenster", der Berliner Salongesellschaft, Heines "Anno 1838" und "Briefe aus Berlin"

GRIN - Your knowledge has value

Der GRIN Verlag publiziert seit 1998 wissenschaftliche Arbeiten von Studenten, Hochschullehrern und anderen Akademikern als eBook und gedrucktes Buch. Die Verlagswebsite www.grin.com ist die ideale Plattform zur Veröffentlichung von Hausarbeiten, Abschlussarbeiten, wissenschaftlichen Aufsätzen, Dissertationen und Fachbüchern.

Besuchen Sie uns im Internet:

http://www.grin.com/

http://www.facebook.com/grincom

http://www.twitter.com/grin_com

1.) *Des Vetters Eckfenster* ist ein poetologischer Text, dessen Stoff vom alltäglichen Markt und dessen poetischer Beobachtung handelt. Hoffmanns Vetter ist im Gegensatz zu Edgar Ellen Pos *Mann in der Menge*, der ein namenloser Konsument in einem Londoner Café ist, ein Berliner Privatier mit Vergrößerungsglas. Seine Erzählung ist eine Metareflexion über das Schreiben, da der kranke Vetter -Hoffmann selbst war sehr krank und ans Bett gebunden, sodass die autobiographischen Züge des Vetters nicht zu übersehen sind[1]- seinen Vetter in die Kunst des Beobachtens und Schreibens einführt. Eine weitere Metaebene kommt hinzu, wenn man beachtet, dass diese Erzählung vom 23. April bis zum 4. Mai 1822 in der Zeitschrift *Der Zuschauer* veröffentlicht wurde. Im Schreiben Hoffmanns an den Herausgeber der Zeitschrift äußert er zudem performativ, dass ihn der Titel an seine Lieblingsneigung erinnere.[2] Hoffmann hatte eine Eckwohnung am Gendarmenmarkt, in der sich bis heute die Weinhandlung *Lutter und Wegner* befindet. Die zwei Vettern repräsentieren zwei verschiedene Beobachtertypen: Der junge naive Vetter bewegt sich zielgerichtet auf die vom Weiten erkennbare Wohnung seines Vetters durch das „Volksgewühl" des Marktes zu. Er hat einen pauschalen Blick, da er alles und nichts betrachtet. Die Menge wirkt auf ihn „seltsam und überraschend", sodass seine Sinne verwirrt scheinen. Der immobile und produktive Vetter ist intellektuell beweglich und somit repräsentiert seine Wahrnehmung die der Poeten. Er bewohnt - wie Hoffmann selbst- eine Dachwohnung mit einem exklusiven Eckfensterblick auf den Gendarmenmarkt („Panorama des grandiosen Platzes"). Die Schule des Schreibens ist ihm zufolge zugleich die Schule des Sehens. Ziel ist die realistische Darstellung und die Perspektive von außen. Das Lernprogramm umfasst fünf Regeln: Zuerst „braucht [es] ein Auge, was wirklich schaut" und man muss sich etwas Einzelnes aussuchen und es fixieren. Der junge Vetter wird zum Schauen aufgefordert: „Komm, Vetter, schau hinaus!" Jedoch fehlt dem jungen Vetter ein „Auge, welches wirklich schaut", sodass er keine „mannigfachste Szenerie des bürgerlichen Lebens" wie sein kranker Vetter, sondern eine „einzige, dicht zusammengedrängte Volksmasse" sieht. Zweitens braucht man ein optisches Instrument wie in diesem Fall das Glas (vgl. das Prisma in Hoffmanns *Der Sandmann* oder die Linse des Meisters Floh, die Gedanken sichtbar macht). Dieses

---

[1] Vgl. Friedrich Schnapp: Die Seraphinenorden und die Serapionsbrüder E.T.A Hoffmanns, S. 103.
[2] Vgl. „Sie wissen es nämlich wohl schon, wie gar zu gern ich zuschaue und dann schwarz auf weiß von mir gebe, was ich eben recht lebendig erschaut." (Hoffmann: Schreiben an den Herausgeber, S. 658.)

reduziert die Umwelt und ein fixierter Punkt wird größer (so sieht Nathanael nur noch Olympia). Durch die blickverengende Anweisung seines Vetters, der durch seine Erfahrung des optischen Hilfsmittels nicht mehr benötigt, fokussiert er nun eine „etwas fremdartig gekleidete Person" mit einem Korb. Drittens wird der Gegenstand selektiert und Indizien gefunden und kombiniert, sodass eine logische Folgerung abgeleitet werden kann. Das soziale Wissen sollte mobilisiert werden, um die Menge zu individualisieren. So erhält die fokussierte Person im weiteren Verlauf der Erzählung, die dieser Auszug nicht mehr enthält, einen Beruf und eine Absicht ihres Marktbesuches zugeschieben. Viertens solle man das Besondere im Allgemeinen sehen und fabulieren, d.h. seine Phantasie benutzen, aber auch den Verstand einsetzen[3] und nicht nur frei erfinden. So werden die Hintergründe der beobachteten Personen aufgrund von Indizien erschlossen. Hier lässt sich das serapiontische Prinzip erkennen, dass Hoffmann in seinen *Serapionsbrüdern*, ein Freundeskreis von Dichtern, poetologisch folgendermaßen von der Figur Lothar erläutert wird:

> Vergebens ist das Mühen des Dichters uns dahin zu bringen, daß wir daran glauben sollen, woran er selbst nicht glaubt, nicht glauben kann, weil er es nicht erschaute. Was können die Gestalten eines solchen Dichters der jenem alten Wort zufolge nicht auch wahrhafter Seher ist, anderes sein als trügerische Puppen, mühsam zusammengeleimt aus fremdartigen Stoffen![4]

Im Anschluss wird die Bedeutung des Gleichgewichtes von der imaginierten Innenwelt und der realistischen Außenwelt betont, da eine wahrhaft serapiontische Erzählung das poetisch Erschaute mit der realen Außenwelt kaum entwirrbar verbinde, was der Erzähler Cyprian, nicht aber sein fiktiver Einsiedler Serapion beachtet. Letzterer ist von der Idee besessen, dass er der heilige Serapion wäre und lebt dadurch in seiner eigenen Realität, die keinen Bezug zur Außenwelt hat und somit nicht mit dem serapiontischen Prinzip konform ist. Nicht nur Hoffmanns Erzählung *Des Vetters Eckfenster*, sondern auch des kranken Vetters Marktgeschichten projizieren innere Überzeugungen von Beobachtungen nach außen. Fünftens müsse man andere Möglichkeiten einräumen und Irrtümer zugeben können. Wie alle Erzählungen Hoffmanns wird auch *Des Vetters Eckfenster* sehr detailreich erzählt und speist sich aus dem von Hoffmann wirklich Erschautem zusammen. Die aufgeführten Charakteristiken dieser repräsentativen Erzählung sind typisch für Hoffmanns Stil, sodass in *Des Vetters Eckfenster* seine poetologische Theorie praktisch umgesetzt wurde.

    2.) Ein Salon sei eine „freie, ungezwungene Gesellligkeit, deren Grundlage die

---

[3] Vgl. „ehelichе[r] Bund [...], in dem beide, Verstand und Phantasie, bleiben müssen" (ebd., S. 659).
[4] E.T.A. Hoffmann: Die Serapionsbrüder. München 1976, S. 68.

Konversation über literarische, künstlerische oder politische Themen bildet."[5] Die in der französischen Adelskultur wurzelnden romantischen Salongesellschaften werden in Hoffmanns *Serapionsbrüdern* und in Heines ironisch-distanziertem Gedicht *Sie saßen und tranken am Teetisch* reflektiert, weil sie eine wichtige kulturelle Institution der Restaurationszeit darstellten. Nach Wilhelmy gibt es sieben Kriterien, um von einem Salon sprechen zu können. Erstens ist der Salon die Hofhaltung einer Dame, d.h. eine Frau steht im Zentrum der Gesellschaft[6], sodass die Geschlechter innerhalb des Salons gleichberechtigt waren. Zweitens hat der Salon festgelegte Empfangstage. Es erfolgten keine Einladungen, sondern eine einmalige Einführung in die Gesellschaft. Drittens waren verschiedene Berufsschichten vertreten und man erhob sich in der freien Geselligkeit über die Standesunterschiede, so Schleiermacher.[7] Viertens sei es ein Schauplatz zwangloser Geselligkeit (keine Bohème) mit Regeln der Höflichkeit. Die Salonnière fungiere als Organisations-und Wortführerin. Fünftens handle die Konversation über verschiedene Themen. Besonders Goethes heitere Werke der Klassik wurden rezipiert und bewundert, welche vor dem Hintergrund der Restauration einen Orientierungspunkt boten.[8] Der Salon diente zur Unterhaltung[9], Bekanntmachung unbekannter Autoren und Diskussion von Werken. Sechstens habe der Salon gesellschaftlichen Einfluss und kulturelle Anziehungskraft, sodass er zur Kanonisierung beitrüge. Siebtens sei der Salon ein toleranter Freiraum, d.h. frei von Statuten, frei von Geschäftsinteressen. Mit der Flucht des Hofes nach Königsberg löste sich Rahels Salon 1806 auf; nach 1815 gab es wieder Salonneubildungen. Die Restaurationsperiode, die durch den Wiener Kongress 1814/15 eingeläutet wurde, hatte die Wiederherstellung des Ancien Régime und die Revidierung der Errungenschaften der französischen Revolution zum Ziel. Der Salon bot entgegen der zeitgenössisch-restaurativen Unterdrückung, vor allem durch die Zensur, einen Raum für die persönliche Entfaltung und ermöglichte den Ausbruch aus dem Alltag, der „Einseitigkeit und Beschränkung hervor[rufe]".[10] Der Salonmensch sei selbstbestimmt und von „keinem Gesetz

---

[5] Petra Wilhelmy: Der Berliner Salon im 19. Jahrhundert. New York/Berlin 1989, S. 25.
[6] Vgl. „die 'klassische' Zeit der literarischen Salons in Berlin [mag] ihren Höhepunkt im Salon Rahel Levin-Varnhagens gefunden haben" (ebd., S. V.) Staegemanns Salon war mit Tieck, Kleist, Chamisso und Arnim auch einer der bekanntesten Salons. Schleiermacher besuchte Henriette Herz' Salon.
[7] Vgl. Friedrich Schleiermacher: Versuch einer Theorie des geselligen Betragens, S. 83.
[8] Vgl. Friedrich Sengle: Biedermeierzeit, S. 3.
[9] Vgl. Strube: Teetisch, S. 150.
[10] Schleiermacher: Theorie des geselligen Betragens, S. 65, 79. „hier in Deutschland empfahl sich Zurückhaltung, der Rückzug auf das innere Reich der Kunst" (Sengle: Biedermeierzeit, S. 12.) Es

beherrscht".[11] Weiterhin postuliert Schleiermacher: „Der Zweck der Gesellschaft wird gar nicht als außer ihr liegend gedacht".[12] Die Wechselseitigkeit des Austausches sei essenziell. Das Theater war eine weitere Institution, wo alle Stände im Publikum vertreten waren, sodass von einer Demokratisierung des Theaters gesprochen werden kann. Während der Restaurationszeit wurde das Ansehen von Theaterrezensionen deutlich erhoben, da die Regierung nicht wollte, dass die Bürger sich mit der Politik beschäftigten, ihre Unterdrückung realisierten und den Franzosen nachahmend sich gegen die Regierung auflehnen. Das Theater hatte somit die bedeutende Funktion das Volk bei Laune zu halten und von den politischen Missständen abzulenken. Nach dem Brand des Berliner Theaters *Königliche Schauspiele* 1817, hieß es in Goethes *Prolog zu Eröffnung des Berliner Theaters im Mai 1821*: „Das alles macht uns heiter, macht uns froh" und weiterhin „Und was die Bühne künstlich vorstellt, / Erträgt man leichter in der Werkelwelt".[13] In seinem Schema benennt er als höchsten Zweck der Kunst das „Vergessen sein selbst und aller Verhältnisse".[14] Dem Theaters wurde nicht nur von der Regierung, sondern auch von Autoren großer Einfluss zugesprochen: „Was heute fröhlich macht, was heute rührt, / Nicht etwa flüchtig wird's vorbei geführt; / Was heute wirkt, es wirkt aufs ganze Leben."[15] Die im neuhumanistischen Geist 1810 gegründete Berliner Universität stellt eine weitere wichtige Institution dar. Schleiermacher plädierte dafür, die Universität in Berlin zu bauen, da es viele Sammlungen vor Ort gäbe und zudem Berlin Regierungssitz Preußens sei, sodass die Universität repräsentativen Charakter erhalten würde. Schleiermachers Forderungen in seiner Schrift *Gelegentliche Gedanken über Universitäten in deutschem Sinn.*(1808) nach staatlicher Unabhängigkeit der Universität und Freiheit der Studenten sind vor allem im Kontext der restaurativen Karlsbader Beschlüsse von 1819 zu lesen. Metternich veranlasste u.a. eine strenge Überwachung der Universitäten, sodass bekannte Professoren Opfer der Demagogenverfolgungen wurden, und verbot die Burschenschaften.[16] Die Studienzeit diene zur Herausbildung des Charakters und solle fakultätsübergreifend bilden. Als vierte kulturelle Institution prägten die in

---

bestünde eine indirekte Proportion zwischen Kollektivierung und Rückzug ins Privatleben. (Vgl. ebd., S. 24.)
[11] Schleiermacher: Theorie des geselligen Betragens, S. 66.
[12] ebd., S. 71.
[13] Johann Wolfgang Goethe: Prolog zu Eröffnung des Berliner Theaters im Mai 1821, S. 243.
[14] ebd., S. 771.
[15] ebd., S. 248.
[16] Vgl. Höhn: Heine-Handbuch, S. 7.

Berlin lebenden Autoren das Stadtbild, sodass in Heines *Briefen aus Berlin* E.T.A. Hoffmann in einem Restaurant angetroffen wird. Allen Institutionen ist die Gemeinschaft, die zur Vervollkommnung des Geistes notwendig ist, gemein.[17]

Literaturverzeichnis:

Johann Wolfgang Goethe: Prolog zu Eröffnung des Berliner Theaters im Mai 1821. In: Johann Wolfgang Goethe: Sämtliche Werke nach Epochen seines Schaffens. Hg. v. Karl Richter. Bd. 13.1: Die Jahre 1820-1826. Hg. v. Gisela Henckmann und Irmela Schneider. München 1992, S. 241-250.

Gerhard Höhn: Heine-Handbuch: Zeit, Person, Werk. Stuttgart 1997, S. 7, 170.

E.T.A. Hoffmann: Schreiben an den Herausgeber, S. 658f. E.T.A. Hoffmann: Die Serapionsbrüder. München 1976, S. 68.

Friedrich Schleiermacher: Gelegentliche Gedanken über Universitäten in deutschem Sinn. Nebst einem Anhang über eine neu zu errichtende. In: Schleiermachers Schriften. Hg. v. Andreas Arndt. Frankfurt a.M. 1996, S. 159–236.

Friedrich Schleiermacher: Versuch einer Theorie des geselligen Betragens. In: Schleiermachers Schriften. Hg. v. Andreas Arndt. Frankfurt a.M. 1996, S. 65-91.

Friedrich Schnapp: Die Seraphinenorden und die Serapionsbrüder E.T.A Hoffmanns. In: Literaturwissenschaftliches Jahrbuch. Bd. 3. Hg. v. Hermann Kunisch. Berlin 1962, S. 99-112.

Friedrich Sengle: Biedermeierzeit. Deutsche Literatur im Spannungsfeld zwischen Restauration und Revolution 1815-1848. Bd. 1: Allgemeine Voraussetzungen. Richtungen. Darstellungsmittel. Stuttgart 1971, S. 3.

Rolf Strube: Sie sassen und tranken am Teetisch. Anfänge und Blütezeit der Berliner Salons 1789-1871. München 1992, S. 150.
Petra Wilhelmy: Der Berliner Salon im 19. Jahrhundert. New York/Berlin 1989, S. 25.

---

[17] Vgl. „Jede Gesinnung, die wissenschaftliche wie die religiöse, bildet und vervollkommnet sich nur im Leben, in der Gesellschaft Mehrerer." (Schleiermacher: Theorie des geselligen Betragens, S. 371.)

1.) Das Gedicht *Anno 1838* entstammt Heines zweiter Lyriksammlung *Neue Gedichte*, die Gedichte von 1822 bis 1844 umfasst. Heine hatte gemischte Gefühle in Hinblick auf sein Heimatland Deutschland, sodass „wein ich"(V.2) entweder als Heimweh[18] oder als Anklage der deutschen Zustände bzw. als „literaturpolitische[r] Kampf"[19] aus seinem Pariser Exil, das ihm die notwendige Distanz verschaffte, interpretiert werden kann. Nicht nur die Religiosität („Glaubensglocken"V.7), der biedermeierliche Konservatismus[20] und das deutsche Symbol („Eiche[...]"V.26), sondern auch deutsche Stereotypen („Schilda"ebd. für spießbürgerliches Verhalten, Grobheit, Trägheit) werden der französischen, neuen Religion der Freiheit[21] und Sinnlichkeit[22], Frankreichs Nationaltier „de[m] Hahn"[23], der das lyrische Ich aus seinem „Fiebertraum" rettet, und weiteren französischen Stereotypen (Höflichkeit, „„muntre [...]/ leichte Volk"V.3f.) ironisch entgegengestellt. Für Deutschland werden (romantische) Schlafmethapern verwendet („Veilchenduft und Mondenschein"V.28, „Nachtwächterhörner"V.22 =„biedermeierliche Ruhebedürfnis"[24]), wobei diese dunkel-konnotierten Wörtern sowie die „Narrheitsglöcklein"(V.7), die ein Symbol für den Absolutismus sind, das „[f]ranzösisch heitre[...] Tageslicht", das die Aufklärung symbolisiert, in den *Nachtgedanken* kontrastieren. Der deutschen Stagnation[25] im „[w]ie angenagelt[en]"(V.20) Denken, das „hübsch im Gleise"(V.19) bleibe, und politischen Handeln steht die französische Bewegung („alles dreht sich hier im Kreise"V.17) mit gesellschaftlichen Umstürzen („toller Traum"V.18) und redenden Frauen entgegen.[26] In Caput XVII wird die Wiederkehr des Kaisers aus

---

[18] Vgl. Heinrich Heine: Anno 1839: „Oh Deutschland, meine ferne Liebe / Gedenk ich deiner, wein ich fast!" (V. 1f.) Vgl. Heinrich Heine: Lebensfahrt: „Wie fern die Heimat! mein Herz wie schwer!", Caput XXIV: „Ich hatte das Heimweh bekommen", „Ich glaube, Vaterlandsliebe nennt / Man dieses törichte Sehnen."
[19] Höhn: Heine-Handbuch, S. 33. Vgl. ironische Reime in *Zur Beruhigung*: „Größe"-„Klöße", „Fürsten"-„Würsten"
[20] Vgl. Caput XXV: „Zucht und Sitte"; Caput III: „rechter Winkel/ In jeder Bewegung, und im Gesicht / Der eingefrorene Dünkel" Deutsche trügen die „Fuchtel", mit der sie einst geschlagen wurden, „im Innern".
[21] In Frankreich wurde der Katholizismus als Staatsreligion sowie die Pressezensur abgeschafft. (vgl. Höhn: Heine-Handbuch, S. 14.)
[22] Vgl. Deutschlands Unterdrückung der Sinnlichkeit in *Seraphine* VII aus *Verschiedene*: „dumme Leiberquäleri" (vgl. Höhn, S. 104.) Heine konnte seine sensualistische Lebensweise (Emanzipation des Fleisches) nur in Frankreich ausleben. (ebd., S. 118.)
[23] Vgl. Caput XVIII.
[24] Höhn: Heine-Handbuch, S. 101.
[25] Vgl. Caput III: Mode als Metapher für Stagnation: „Der lange Schnurbart ist eigentlich nur / Des Zopftums neuere Phase: / Der Zopf, der ehmals hinten hing, / Der hängt jetzt unter der Nase."
[26] Dies wird auch am Reim: „bewegt"-„legt" deutlich. Vgl. Frankreichs aktives Handeln und deutsche Philosophenträume in Caput VII

polemischen Gründen als das kleinere Übel begrüßt, weil Heine eine große Abneigung gegen den preußischen „Kamaschenritter[...]"[27] und das Militär hegte, sodass in Caput XXVII davon abgeraten wird „sich in Person / Nach Preußen zu begeben", da der König zensiert und arretiert. Heine differenziere nicht in seiner Darstellung von Deutschland, das er mit Unterdrückung gleichsetzt,[28] wobei Preußen[29] die mächtigste Stütze der feudal-aristokratischen Hegemonie sei.[30]

2.) In seinen drei Korrespondenzberichten *Briefe aus Berlin* von 1822 die im *Rheinisch-Westfälischen Anzeiger* erschienen und sein journalistisches Wirken begründen, schildert Heine Berlins kulturelles Leben sowie die politischen Missstände, wobei er die kulturelle Blüte mit der militärischen Unterdrückung erklärt. Häufig werden bekannte Persönlichkeiten namentlich genannt und karikiert. Auf seinem Rundgang werden Berliner Sehenswürdigkeiten z. B. die Lange Brücke, die ihm kurz vorkommt, ironisch kommentiert. Heine äußert subjektive Empfindungen und berichtet auch von eigenen Erfahrungen wie z. B. dem ihm unerträglichen Ohrwurm aus Carl Maria von Webers *Freischütz*. Der musikalische Streit von Weber und Spontini spiegele die politische Auseinandersetzung zwischen Heine und Preußen wider. Zudem diene die Beschreibung der Maskenbälle einer unterschwelligen Kritik an der geheuchelten Freiheit bzw. Ständelosigkeit. Tabuthemen des Vormärzes wie Zensur und Gendarmeneinsätze werden thematisiert.[31] Die starke Zensur seiner Kritik an Preußen war einer der Gründe, warum die Korrespondenz nicht weitergeführt wurde. Nichtsdestotrotz nehmen Heines *Briefe aus Berlin* aufgrund ihrer Kritik eine Sonderstellung in der Tradition der Berichterstattung aus der Preußenhauptstadt ein.[32] Bereits während seiner Korrespondenz veröffentlichte er Beiträge in Zeitschriften und auch danach veröffentlichte er seine Werke zuerst in Zeitschriften. Ab 1831 arbeitete er als politischer Korrespondent der Augsburger *Allgemeinen Zeitung* in Paris, was eine Novität darstellte und berichtete über die Februarrevolution und machte die populäre sowie proletarische Opposition der Julimonarchie in Deutschland bekannt. Zudem war Heine Redakteur und Mitbegründer von Zeitungen (z. B. 1828 mit Friedrich

---

[27] Vgl. ironische Kritik in *Die Menge tut es* am preußischen König: „Ich glaube, wir sind uns ähnlich ein wenig. / Ein vornehmer Geist, hat viel Talent. / Auch ich, ich wäre ein schlechter Regent."
[28] Vgl. Höhn: Heine-Handbuch, S. 124.
[29] Vgl. „Vogel" und „preußischen Adler"(Caput XVIII), dem es die Feder rupfen will in Caput III
[30] Heinrich Heine: Heines Werke in fünf Bänden, S. 344.
[31] Vgl. Höhn: Heine-Handbuch, S. 173f.
[32] Vgl. ebd., S. 171f.

Ludwig Lindner die *Neuen allgemeinen poltischen Annalen*). Heines Modernität bestünde in seiner funktionsverschmelzenden Schreibweise, die politische und philosophische Ideen verbindet.[33] Heine war ein Zeitschriftsteller, der alle Merkmale des kritischen, modernen Intellektuellen in sich vereinigte und sich gegen die restaurative Hegemonie behaupten musste. Er erkannte zeitgenössische Probleme und forderte nicht nur fortschrittlicheres Denken, sondern auch Handeln[34]. Heine und Börne verfassen Berichte und Reportagen aus Paris, die die moderne Essayistik beeinflusst hätten.[35] Zudem war Heine Mitarbeiter der Pariser *Jahrbücher* sowie *Vorwärts!*[36] Heine war der Erfinder des politischen Feuilletons. Das Feuilleton sei politisch polemisierende und literarische Artistik zugleich. Weiterhin verkündete er in den *Französischen Zuständen* die „Universalrevolution"[37].

Literaturverzeichnis

Heinrich Heine: Anno 1839. In: Heinrich Heine: Sämtliche Gedichte. Kommentierte Ausgabe. Hg. v. Bernd Kortländer. Ditzingen 2006, S. 367f..

Heinrich Heine: Lebensfahrt. In: Heinrich Heine Sämtliche Werke. Bd. 1-3. Hg. v. Ernst Elster. Leipzig/Wien o.J.

Heinrich Heine: Heines Werke in fünf Bänden. Bd. 2. Hg. v. Helmut Holtzhauer. Berlin/Weimar 1967, S. 344.

Gerhard Höhn: Heine-Handbuch: Zeit, Person, Werk. Stuttgart 1997.

---

[33] Vgl. Höhn: Heine-Handbuch, S. 3f.
[34] Vgl. Heines Gedicht *Die Tendenz*
[35] Vgl. Höhn: Heine-Handbuch, S. 2f.
[36] Vgl. Höhn: Heine-Handbuch, S. 113.
[37] Höhn: Heine-Handbuch, S. 129.

BEI GRIN MACHT SICH IHR WISSEN BEZAHLT

- Wir veröffentlichen Ihre Hausarbeit, Bachelor- und Masterarbeit

- Ihr eigenes eBook und Buch - weltweit in allen wichtigen Shops

- Verdienen Sie an jedem Verkauf

Jetzt bei www.GRIN.com hochladen und kostenlos publizieren